AF356860

UNION CENTRALE DES ARTS DÉCORATIFS

PALAIS DE L'INDUSTRIE. — PORTE N° 7

SALON ANNUEL

DES

Peintres Japonais

DEUXIÈME ANNÉE

PARIS

IMPRIMERIE PILLET ET DUMOULIN

5, RUE DES GRANDS-AUGUSTINS, 5

—

1884

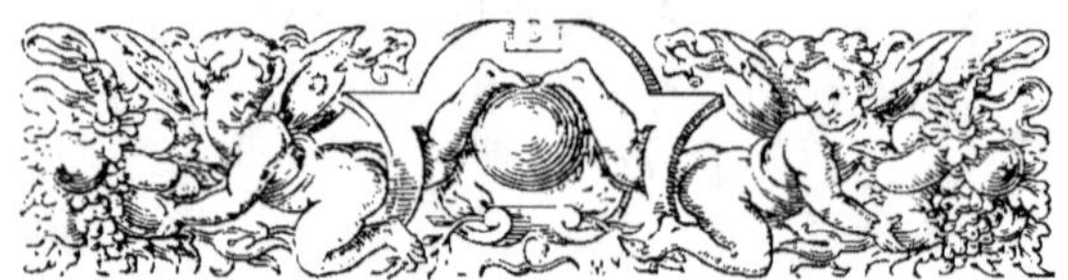

Nous n'avons plus à expliquer le caractère des
Expositions de peinture japonaise, auxquelles, pour la
deuxième fois, le public français est convié. Nous avons
raconté, il y a un an, les origines de cette association
intéressante formée sur un point extrême du globe par
un groupe d'artistes attirés vers nous, sans autre ambi-
tion que celle d'occuper une place dans les annales artis-
tiques où notre pays s'est toujours complu à enregistrer
chaque nouvelle manifestation du beau.

L'appel des artistes japonais commence à être
entendu. En matière d'art, il n'est pas de contrée plus
hospitalière que la nôtre et il n'est pas de pays, en
Europe, auquel nos portes ne se soient toutes grandes
ouvertes. Mais, pour étendues que soient ces frontières,
elles n'en existent pas moins et dès le jour où un point
lumineux vient attirer nos regards au delà de notre

continent, nous devons comprendre qu'il est temps de renverser les dernières barrières.

Il y a, à le faire, justice à rendre et profit à tirer. Il y a justice à rendre en ce qu'il convient de reconnaître que dans l'évolution dont notre vieil art commence à offrir les symptômes significatifs, nous sommes travaillés par une influence mystérieuse à laquelle l'art subtil de l'extrême Orient (qui, d'après une plume autorisée, serait sur le point de bouleverser les règles de l'optique en Europe), n'est point étranger ; il y a profit à tirer, car dans le mouvement de transformation, et, peut-être de genèse nouvelle qui s'approche, il reste plus d'une leçon à tirer de cet art dont les origines sont complètement indépendantes des sources de notre esthétique, qui s'est développé en dehors de toute influence étrangère et qui, par cela même, exige de notre œil une étude attentive avant de lui dévoiler toutes les qualités d'exquise distinction qu'il recèle.

S. BING.

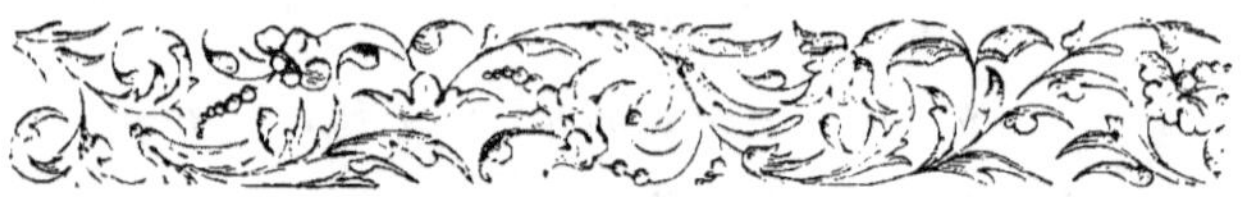

DÉSIGNATION

KAKEMONOS

ANSEN KANO

1 — *Oiseau de proie et Oies sauvages.*

Aquarelle gouachée sur soie.

ANSHOUN TSHOMÉ

2 — *Le Temple d'Assakousa. Fête populaire.*

Aquarelle gouachée sur soie.

BAÏLEI

3 — *Canards mandarins dans les lotus. Effet d'hiver.*

Aquarelle gouachée sur soie.

BEÏSEN

4 — *Grand paysage montagneux. Groupe de
personnages au premier plan.*

Encre de Chine poudrée d'or sur soie.

BEÏSEN KOUBOTA

5 — *Pêcheur à la ligne. Effet d'hiver.*

Encre de Chine sur soie.

BOUNKIO

6 — *Temple de Kiyomidzou. Effet de neige.*

Aquarelle sur soie.

GANSEN

7 — *Réunion de singes sous branche fleurie.*

Aquarelle sur soie gouachée.

GHIOKOUDEN MOURASSÉ

8 — *Les deux philosophes Kanzan et Jittokou.*

> Composition au trait; gouache d'or sur soie
> gros bleu.

GHIOKOUSHO KARABATA

9 — *Pin. Effet de neige.*

> Aquarelle sur soie.

HANÉDA GHESHIOU

10 — *Carpes se jouant; l'une d'elles jaillit hors
de l'eau.*

> Aquarelle rehaussée d'or sur soie

HOGAÏ

11 — *Composition symbolique.*

> Aquarelle à rehauts d'or sur soie.

HOGAÏ

12 — *Mer intérieure du Japon. Aux premiers plans, montagne et paysage.*

> Encre de Chine bistrée sur papier.

HÔKO

13 — *Étude de poissons. Esquisse.*

> Gouache sur papier.

KAMPO

14 — *Paon sur un tronc de pin.*

> Gouache sur soie.

KANSAÏ KATSOUSHIKA

15 — *Fabricant de parapluies.*

> Aquarelle sur soie.

KASHOU

16 — *Branche de pivoines et moineau sous la
pluie.*

Aquarelle gouachée sur soie.

KEÏNEN

17 — *Gros poissons et roseaux.*

Aquarelle sur soie.

KIÔSAÏ

18 — *Aigle enlevant un marcassin.*

Encre de Chine sur papier.

KÔKEI

19 — *Jeune femme exécutant la danse religieuse
de Nô.*

Aquarelle sur soie.

KOISHI KOSÉ

20 — *Branche de cerisier fleurie dans un seau
suspendu à une corde. Un moineau, les ailes
ouvertes, et prêt à fuir à la moindre alerte,
regarde curieusement la branche.*

Aquarelle gouachée sur soie.

KOUASSAN SOUDZOUKI

21 — *Navires marchands ancrés devant un vil-
lage de pêcheurs.*

Aquarelle sur soie.

KOUATTEÏ

22 — *Jeunes bambous. Effet de lune.*

Encre de Chine bistrée sur soie.

KOUNIFOUSSA

23 — *Scène populaire. Composition humoristique.*

Gouache sur papier.

MOURASSÉ

24 — *Moineau sur branche de pivoines. Effet de pluie.*

Grisaille sur soie.

NAÔSHIKO KOUMAGAÏ

25 — *Paysage. Un vieillard tenant son cheval par la bride traverse un pont jeté sur un torrent.*

Encre de Chine gouachée sur soie.

OUNSHÔ KAVAGOUTSHI

26 — *Deux pins.*

Aquarelle sur soie.

OUNTAKOU MÉGATA

27 — *Oie sauvage s'abattant dans les roseaux.*

Esquisse. — Encre de Chine sur papier.

RIOUSEN

28 — *Guerrier à cheval et son suivant.*

Aquarelle gouachée sur soie.

RIPPO

29 — *Dame chinoise.*

Aquarelle gouachée sur soie.

ROKOUSHO

30 — *Montreur de singe.*

Aquarelle sur soie.

SEÏKIRAN

31 — *Pan de montagne avec cascade.*

Aquarelle sur soie.

SÉTÉ WATANABÉ

32 — *Jeunes chiens jouant sous un bananier. Effet de pluie.*

Aquarelle et bistre sur soie.

SHIKADZOUNÉ KIMOURA

33 — *Une habitation impériale. Grande composition dans le style chinois.*

Aquarelle gouachée sur soie.

SHINSAÏ SHIBATA

34 — *Récolte du varech.*

Aquarelle sur soie.

SHOKAÏ MOTIDZOUKI

35 — *Pins neigeux au bord de l'eau. Effet d'hiver.*

Aquarelle sur soie.

SHOSO

36 — *Orfraie. Effet de lune.*

Aquarelle sur soie.

37 — *Trois grues sous la pluie.*

Aquarelle sur soie.

SORITZOU TAMOURA

38 — *L'Espace. La lune émergeant du brouillard commence à estomper quelques nuages floconneux.*

Aquarelle sur soie.

TAMBI KANO

39 — *Paysage dans la montagne.*

Aquarelle gouachée sur soie.

TANGUETSOU

40 — *Oiseaux dans un tronc d'arbre fleuri. Effet de neige.*

Aquarelle gouachée sur soie.

TOSOUI TOBOTA

41 — *Trois pigeons et branche fleurie tombante.*

Aquarelle gouachée sur soie.

YEITAKOU SENSAÏ

42 — *Jeune mère et sa fille jouant à la balle.*

Gouache sur soie.

YOSHINOBOU KANO

43 — *Cavalier tartare lancé au galop.*

Aquarelle sur soie.

GHIOKOUDEN MOURASSÉ

44 — *Fleurs des champs et libellules au bord de l'eau. Effet de lune.*

Aquarelle sur soie.

SHOKAÏ MOTSHIZOUKI

45 — *Paysage. Chaumières au bord de l'eau.*

Aquarelle sur soie.

PANNEAUX

BAÏLEÏ

46 — *Fleurs.*

Aquarelle gouachée sur soie.

BOUNKIO

47 — *Paysage printanier dans une vallée.*

Aquarelle sur soie.

GIOKOUDEN MOURASSÉ

48 — *Ilôt verdoyant dans la mer intérieure du Japon.*

Aquarelle gouachée sur soie.

KATOKOU

49 — *Paysage; les lacs et le Foudji-Yama.*

Aquarelle sur soie.

KEÏNEN

5o — *Moineau sur branche de pin.*

> Grisaille et aquarelle sur soie.

OUNSHÔ

51 — *Fleurs et fruits.*

> Aquarelle gouachée sur soie.

SETTSOUAN

52 — *Chaumière au bord d'un ruisseau à l'en-trée d'une vallée.*

> Aquarelle sur soie.

SHINSAÏ SHIBATA

53 — *Fleurs des champs avec attributs de cage et tabouret laqué.*

> Aquarelle gouachée et poudrée d'or sur soie.

SHOGHIOKOU

54 — *Paysage ; bande de terre au bord d'un lac
Le Foudji-Yama.*

Aquarelle sur soie.

YOSHIBOUMI

55 — *Érable rouge et pins au bord d'un torrent.*

Aquarelle gouachée sur soie.

YOSHINOBOU

56 — *Oushivaka combattant les Tengou.*

Aquarelle gouachée sur soie.

YOSKITAKI

57 — *Mère montrant à son enfant des poissons
s'ébattant dans une vasque.*

Aquarelle gouachée sur soie.

YOSHITAKI NAKAÏ

58 — *Jeune femme garnissant un vase de fleurs.*

Aquarelle gouachée sur soie.

YOSHINOBOU

59 — *Éventails.*

Aquarelle gouachée sur soie.

PARAVENTS

SHINSON

60 — *Paquet de fleurs des champs.*

Gouache sur fond or.

IPPO

61 — *Érable et glycine.*

Gouache sur fond or.

62 — *Érable.*

Gouache sur fond or

GANGLIO

63 — *Grandes grues.*

Gouache sur fond or.

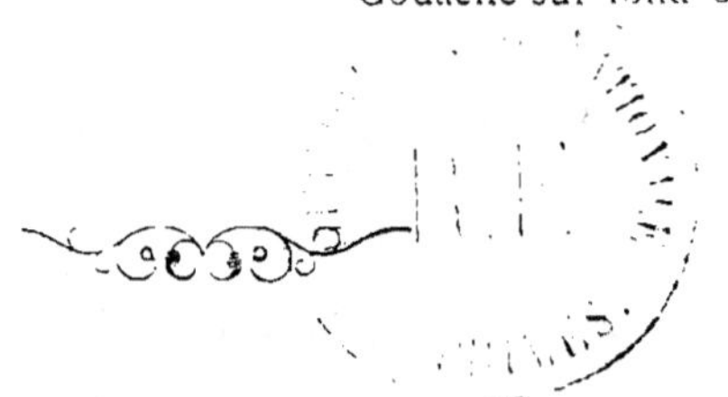